Made in the USA
Middletown, DE
08 December 2020

26732708R00057